ょさんと
飲み
家ご飯

Okojo san to
Ie Nomi
Ie Gohan

Yaze
ヤゼ

おこじょさんはお母さん？

ショックなおこじょさん

Contents

春

夏

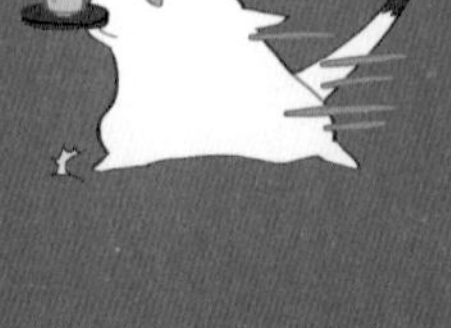

秋

冬

登場人物紹介

おこじょさん

ひょんなことから
優一郎と暮らすことになった
北海道出身のエゾオコジョ。
暑さに弱い男の子。
コミュニケーション能力が高く、
飲むのも食べるのも大好き。
特にお酒が好きで
よく二日酔いになっている。

優一郎さん

おこじょさんの
ルームメイト。
あまり感情が
顔に出ないせいで
怖がられることが多いが、
実はとても優しい。
社畜なので、
家にいることは少ない。
たまに夜勤がある。

春

疲労回復
簡単茹で鶏

ごはんにもおやつにも！
いももち

さっぱり
セロリサラダ

素材のうまみ際立つ
ピーマン焼き

おこじょさんによる
日本酒講座

疲労回復
簡単茹で鶏
はぁ……
最近なんか疲れが取れない気がする……
ちゃんと寝てるのにな
行ってきます
なるほどな～
ふーむ…
ぽきゅんこっ
今夜はそんな優一郎さんにオススメレシピ～！

じゃじゃーん
鶏むね肉!
お安く買える
家計の味方!
トリムネ
低カロリーで
脂質も少ない
タンパク質～
きゅい きゅいっ
すちゃっ
鶏むね肉
には
イミダペプチドという
抗酸化物質が
含まれています
イミダ
ペプチド
その成分は
脳に多く含まれ
イミダ
ペプチド
脳
びしっ
つよい!!
疲労回復効果が
期待できると
言われています!
※まだまだ
詳しいことは
研究中みたいです

でも鶏むね肉って パサパサするよね
…と心に住まう イマジナリー 優一郎さんが
そっと 語りかけて くるので…
おこじょに 任せろー!
お手軽 茹で鶏を 作りまーす!
ぽっきゅ ぽきゅ
一人のことが 多いと独り言が 増えますね
材料
鶏むね肉1枚
砂糖適量
さとう
これだけ!
あると いい
ネギの青い部分
生姜適量
鶏むね肉を 観音開きにして 砂糖をまぶし
全体に 揉み込みます!
砂糖を揉み込むと 保水効果で 肉が柔らかくなるよ
仕上がりは 甘くならないから 安心してね
もみ もみ

沸騰したお湯に
鶏むね肉を入れる
※肉はお湯に全部沈めてね
再びお湯を沸騰させて
3分ほど加熱
火を止めて蓋をして
お湯が冷めるまで放置
※目安は1時間半～2時間
※ネギと生姜は
適当に切ったら
ここで一緒に入れる
大きくても大丈夫。
これで完成ですー
分けて食べる時は保存容器に入れて冷蔵庫に～
常備菜として簡単に一品増えますし
おつまみにもおいしーい！
・わさび醤油
・ポン酢
・ごまドレ
など何でも合うよ
ワサビ
ゴマ
ふふふ…
今夜から暫く優一郎さんに食べさせます
翌日
なんか今日やたら寝起きよくてさ
コレおいしいね
ウソぉ…
……優一郎さんのハイスピード回復力に驚いてます

疲労回復

簡単茹で鶏

サラダに添えるのも
いいね
臭み取りの生姜は
よく洗い、
皮はむかずに入れて
大丈夫です～

材料（2人分）

鶏むね肉…１枚
砂糖…大さじ１

お好みで
ネギの青い部分
…１本分
生姜…１片

作り方

1 **鶏むね肉**を観音開きにして、
砂糖をまぶして揉み込む

2 鍋に**鶏むね肉**が全て浸かる程度の水を入れて
中火にかけ、沸騰したら**鶏むね肉**を入れる
再び沸騰してから約３分茹でる
※臭み取りのための**生姜**と**ネギの青い部分**も
適当な大きさに切り**鶏むね肉**と一緒に入れる

3 火を止めて蓋をし、お湯が冷めるまで
１時間半～２時間程度放置する

おこじょさんって生まれは北海道なんだっけ？
雪国そだち
そうですよー
北海道の郷土料理って何があるの？
よく知らないんだよね
有名なのはいももちです！
いものもち？？
見たことないですか？
今すぐ作ります！
ドドドドド
いももちへの情熱がすごい
ごはんにも
おやつにも！
いももち

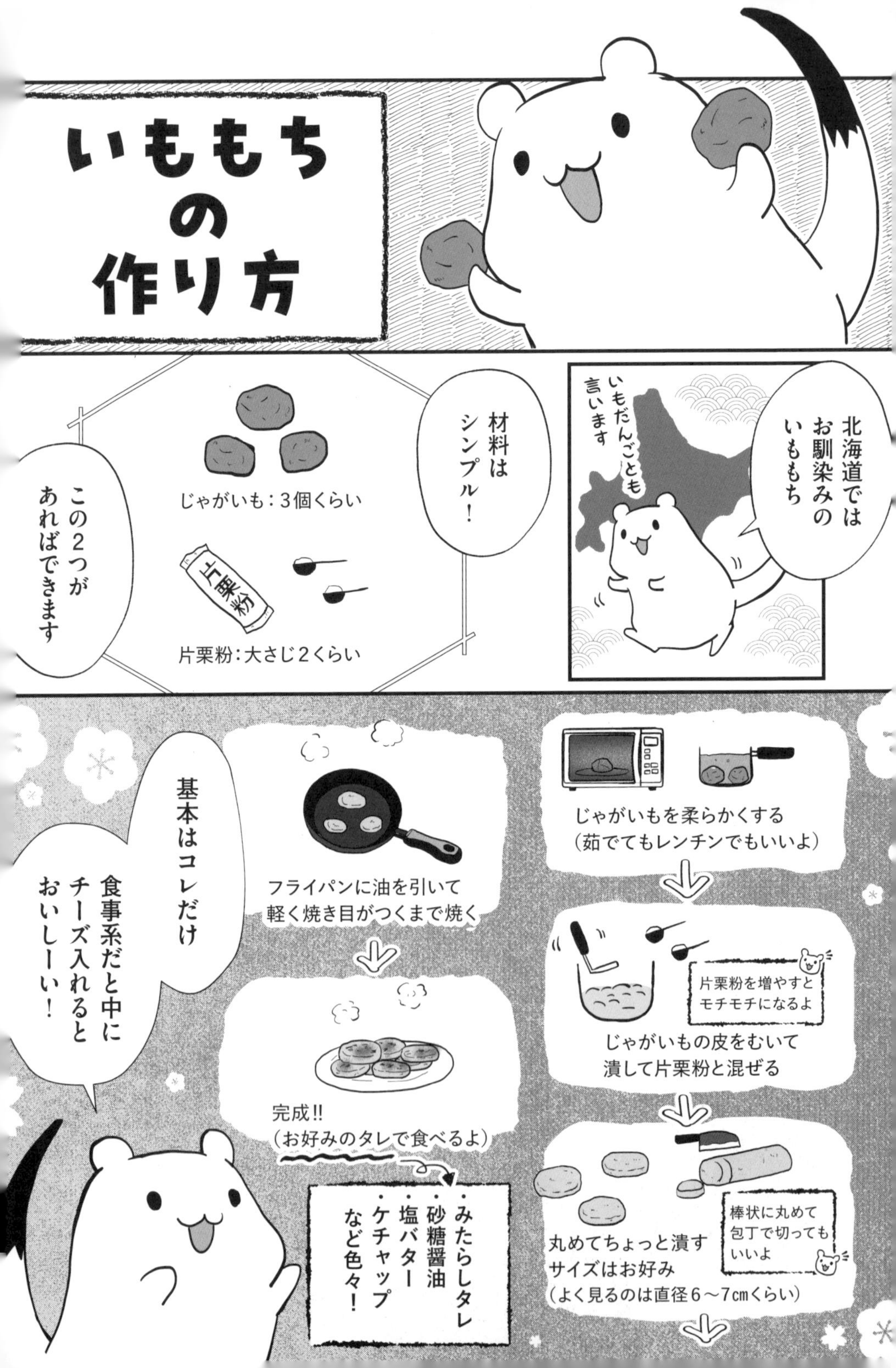
いももちの作り方
北海道ではお馴染みのいももち
いもだんごとも言います
材料はシンプル!
じゃがいも：3個くらい
片栗粉
片栗粉：大さじ2くらい
この2つがあればできます
じゃがいもを柔らかくする
(茹でてもレンチンでもいいよ)
じゃがいもの皮をむいて
潰して片栗粉と混ぜる
片栗粉を増やすと
モチモチになるよ
丸めてちょっと潰す
サイズはお好み
(よく見るのは直径6～7㎝くらい)
棒状に丸めて
包丁で切っても
いいよ
フライパンに油を引いて
軽く焼き目がつくまで焼く
完成!!
(お好みのタレで食べるよ)
・みたらしタレ
・砂糖醤油
・塩バター
・ケチャップ
など色々!
基本はコレだけ
食事系だと中にチーズ入れるとおいしーい!

みたらしタレ
よく見る味付けは大体みたらし系な気がします
砂糖
大さじ2
醤油
大さじ2
水180ml
みりん
大さじ2
片栗粉
大さじ1
全部混ぜて火にかけて
とろみがついたらOK
いももちにからめて
食べるよ！
おやつ扱いが多いです
お祭りで割り箸に刺して売ってたり
ちなみにじゃがいもをかぼちゃにするとかぼちゃ団子
チーズ入りはおつまみイメージが強いですねー
味噌汁とかの具材にする人もいますよー
もちもちでおいしーい
もっち
もっち

ごはんにもおやつにも！
いももち

北海道の
郷土料理
なんだね
揚げたり
お鍋の具材にしても
おいしいですよ～

材料（2人分）

- **じゃがいも**…3個
- **片栗粉**…大さじ2
- **サラダ油**…小さじ1

作り方

1. 鍋に**じゃがいも**、全体が浸かるくらいの水を入れ中火にかける。沸騰したら更に約20分、竹串を刺してスッと通るくらい柔らかくなるまで加熱する
2. 1は皮をむき、ボウルに入れて熱いうちに木べらで潰し、**片栗粉**を加えて混ぜ、直径6～7cmになるように平らに丸める
3. フライパンに**サラダ油**を入れ中火で熱し 2を並べて両面に焼き目がつくまで焼く

ストレス対策
春は
ストレス
さっぱり
セロリサラダ
春………
やうやう白くなりゆく
みたいな……
春ってストレス溜まるもんなの？
ぽきゅーっ
イエス！
しと
しと
環境の変化が多い時期なのはもちろんですが
雨が増えたり外気温の変化が激しいんです

気圧が不安定で天気の変化も激しく
自律神経が乱れやすくなるんです！
うひょーーっ
高気圧
低気圧
気圧ジェットコースター
どんより…
そのせいで気分が暗くなったり
そういう理由で気が滅入るってことはあまりないなぁ
それはよいことですよ！
ともあれこの時期は精神を鎮め気分を落ち着かせましょう
話聞いてる？
でけでけでけ…
でぃ
んっ
というわけで今回はセロリ！

優一朗さんはセロリ食べられますか？
おこじょさんはだーいすき
ファサ
ファサ
香りのクセが強いとは思うけど食べられるよ
そう！この香り！
なんとこの独特の香りが……
ててーんっ
心を落ち着けます！
安眠
リラックス
つよつよお野菜
疲労緩和
血行促進
美肌効果
他にも・疲労緩和・血行促進・美肌効果
ぽっきゅん
更にカリウムたっぷりでむくみ解消にも
えっ……セロリすごっ……
塩分取りがちな酒飲みの味方!?

今回はシンプルにサラダでー
セロリ：1本
ツナ缶：1缶
マヨネーズ
or
オリーブオイル＋塩コショウ
あるとよい
レモン果汁
葉も茎もぜーんぶ切っちゃう
トン
トン
セロリをお好みのサイズで
（オススメは一口大）
カットする
ツナは油を切る
どべーっ
ツナと好きな調味料を
全部ボウルに入れて混ぜる
（各量はお好みで）
とてもシーンプル
マヨは濃厚
オリーブオイルは
大人の味付け〜
レモン果汁はお好みで
食べる時に2〜3滴振りかける
爽やかな後口に
混ぜる時に入れてもOKです！
これいいなー
口の中サッパリする
シャク
シャク
他には三つ葉 オレンジ
大葉 グレープフルーツ
等の香り成分も
心を落ち着かせてくれると
言われていますよ〜
※セロリは食べすぎると
お腹がゆるくなるので注意

さっぱり

セロリサラダ

鰹節や醤油で
和風にしても
おいしそう
筋取りしたり
薄く切ると
食べやすくなりますよー

材料（2人分）

セロリ…1本
ツナ缶…1缶
マヨネーズ…小さじ2

お好みで
レモン果汁…2～3滴

作り方

1 **セロリ**はよく洗い
お好みの食べやすいサイズに切る
ツナ缶は汁気を切る

2 ボウルに**セロリ**、**ツナ**と
マヨネーズを入れて混ぜる
※お好みで食べる時に**レモン果汁**を加える

うっかりおこじょさん

ぴーんっ
そうだ
味卵作ろう
ぐつぐつぐつ…
ぽっきゅ
よーし
あとは冷蔵庫で
暫く置くだけ～
ぽきゅ
……今日は作り方
説明やらないんだね
☆忘れてた――

なーんか最近
ちょっとストレス
溜まっていて
よくない……
ぽむ
ぽむ
ん？
そんな時は
ビタミンC豊富なピーマン！
素材の
うまみ際立つ
ピーマン焼き
ピーマン…
びしっ
ピーマン！

嫌いな野菜ランキングの常連ですが
栄養は超優秀
ビタミンE
生活習慣病・老化の予防
カリウム
むくみ解消
高血圧予防
βカロテン
皮膚・粘膜の健康
免疫力を高める
ビタミンCがトマトの約5倍
本当だすごい
そういえば赤くなったピーマン
見たことありますか？
パプリカじゃないやつー
あぁーたまにあるよねアレ何？
アレはピーマンの完熟した姿
緑色は未熟果です
ぱぶーっ
えっ⁉そうなの⁉
緑→オレンジ→赤
の順番
実は赤くなると栄養価が上がって甘くなります
・ビタミンC 約2倍
・βカロテン 約3倍
・甘みが増す
市場に完熟の状態で出ないのは
すぐに傷んじゃうから らしいですよー

冷蔵庫でも50～60日程で追熟します
※茶色いのは食べないようにね
ところでストレスは…
おひゃーーっ
そうだった！
そっちが本題！
日々のストレス…
ビタミンCは副腎皮質ホルモンという
ストレスに対抗するホルモンを作る時に使われます
そしてワタや種に含まれる「ピラジン」は
血液をサラサラにして血栓を予防し血行をよくします！
では種もワタも食べられちゃう
ピーマンの丸焼きを！
ぽきゅーっ
ピーマン：食べる分だけ
トッピング：鰹節・ごま・じゃこ
ごま油：少々
調味料：ポン酢・醤油

種とワタも食べていいんだ
案外気にならずおいしいです
ざぶざぶ
ざぶざぶ
ピーマンを洗って水気を取る
ポイントはしんなりするまで火を通すことです
真っ黒焦げにしないようにね
ブスブス
フォーク等で数カ所に穴を開ける
たらり
ピーマンにごま油をかける（1個につき小さじ程度）
【フライパン】
ジュワー
転がしながら軽く焼き目がついて柔らかくなるまで焼く
【トースター】
チーン
アルミホイルで包んで900Wで12～15分くらい加熱する
お好みの調味料やトッピングかけて完成！
もぐもぐ
アレ？なんか苦味少ないねおいしい
種とかも別に気にならないなぁ
アウトドアで網焼きにしてもおいしいですよ～

素材のうまみ際立つ
ピーマン焼き

キャンプの時にも よさそうだね
虫が気になる方は 半分に切って ピーマンの中を確認してから 焼いてくださいね～

材料（2人分）

ピーマン…２個
ごま油…小さじ２

作り方

1 **ピーマン**を洗って水気を取り、破裂しないように
フォークで数カ所穴を開ける

2 **ピーマン**全体に**ごま油**をかける

3 フライパンに**ピーマン**を入れ中火で熱し、
ピーマンを転がしながら
全体に軽く焼き目がついて柔らかくなるまで焼く

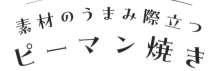

おこじょさんと日本酒の飲み方の話

日本酒の飲み方を知りたい
他は色々飲めるけど……
!
おぉっ優一郎さん興味ありですか!?
なんか難しくない？
うーん
それじゃあ
おこじょさんアドバイス！あくまで主観でっ
やったー

お酒が好きで日本酒が気になるけどわからない人向けだよ！

そもそもなんか
種類が多くて
よくわからないから
大吟醸酒
吟醸酒
純米酒
特別純米酒
純米吟醸酒
純米大吟醸酒
本醸造酒
特別本醸造酒
あるあるあるー
原料と製造方法の
違いですねー
酒屋で見ても
どう違うか
さっぱりだし
わかるー
コレに関しては
邪道なこと
言いますけど
ぶっちゃけ
最初はシカトで！
理解しようとしても
覚えられないし！
わぁ
あ
それと酒器もなんか
特殊じゃない？
面倒……
最近は
百均に色々
ありますけど
ワイングラス飲みも
流行ってますし
好きなグラスでOK！

普通のグラスって何か言われそう…おかしくない？
ないない家飲みですし外食ならお店が用意してくれます
そもそもお酒は嗜好品ですよ
飲み方がおかしいとか正しくないとか言ってうんちく披露する人は
気にせず心でボコボコに
ぼこ
ぼこ
うんちく
ぼこっ
強い
大半は知識をひけらかしたいだけですよー
すごいぶっちゃける
嫌なことあった？
お酒は自分が楽しいおいしいが一番！
人から色々言われて嫌な思いをしたことがある人も
気にしなくて大丈夫

さて
初心者さん向け
雑な選び方
淡麗辛口
濃厚辛口
淡麗甘口
濃厚甘口
注目はこの４種類！
字面でなんとなく
わかりますね
４つかぁ
※濃厚は芳醇の時もあるよ
普段のお酒で
甘い系チューハイや
カクテル飲む人には
「濃厚甘口」が
よさそうですかね
フルーツとか
サワーとか
カクテル
甘口
初めての人向けに
作られた日本酒も
濃厚甘口が多い感じ
おこじょさんは
どれが好きなの？
何でも飲むけど
「淡麗辛口」が好きです！
癖が少なくすっきりして
スルッと飲めるタイプ
白ワイン
ビールとか
辛口
白ワイン辛口とか
ビールとか飲む人は
こっちかなー？
甘くないのが
欲しい時向けです

目安ですけど
濃厚甘口がおいしかったら淡麗甘口もいいですよ
甘すぎずサッパリと飲めるタイプが多い
フルーツとかお菓子と合わせてもおいしいんですよー
なるほど
濃厚辛口はまだおこじょさんも勉強中ですけど
燗向けとか。
口当たりもどっしり味もうまみたっぷり系で濃い料理と合わせます
一番個性が出るような気がします！
まーここまで飲んで日本酒イマイチだったら素直に果実酒とかがいいですよ
酒造さんの本気の果実酒超おいしいですし
国産の柚子酒とか梅酒とか
イチゴ
ウメ
レモン
ユズ
コーヒー
リキュール色々
ほんっっっとう身も蓋もないね

じゃあ飲み方
普通にストレートで
ぐいっと飲む
これで問題ないなら
一番味がわかります
ててーーん
でもちょっと
度数キツくない？
ホイきた！
じゃあ炭酸で割ります！
2対1か1対1で
炭酸
酒
2
1
まぁ
お好みで
ええっ!?
そんなことしていいの
おいしければOK！
バリバリ割っちゃえ！
マジで……
炭酸が苦手？
OKでーす！ 水で割りましょう
緑茶とかも美味しいですよ
あ！ だし汁もありです
これは燗酒の方が
おこじょさんは好き
だし汁
割り材
水
お茶
まぁ割合なんて
好みでいいです
ゴリゴリ氷入れて
日本酒ロックとかも
いいですね

飲み方はわかったけど
肝心の買う場所が……
どこで買えばいいのか
あーね
買う場所ね
おこじょさんはクランドさんが好きです
この漫画は完全に個人の趣味だけで推して描いております
勝手にPRしてます
そもそも
お店のコンセプトが
興味あるけど
わからない人向けなので
今回の話にピッタリ
ラベルもお洒落だね…
全国の色んな酒造さんとお酒作ってるんですよー
入門オススメはTEHAJIME！
これがおいしーい
甘くて爽やか！
色んな人に勧めてる！
超辛口なら梧桐が推し！

クランドさん
サイトのマガジンでも
細かく色々書かれていて
日本酒について
より詳しく
知ることができます
よいぞいっ
すごい
推してくる…
今度見てみるね…
あっ
忘れてた
飲むなら
和らぎ水を!
和らぎ水?
要はただの水
チェイサーですけど
響きが綺麗で好き
和らぎ水
(やわらぎみず)
深酔いを防いだり
口のリフレッシュに
以上です
ありがとう
予想より
すごかった
では優一郎さん!
今夜はさっそく
何を飲みますかっ
ズバアアッ
……もしかして
晩酌に巻き込む
ために……?

日本酒紹介

いろんな種類と
楽しみ方が
あるんだなぁ

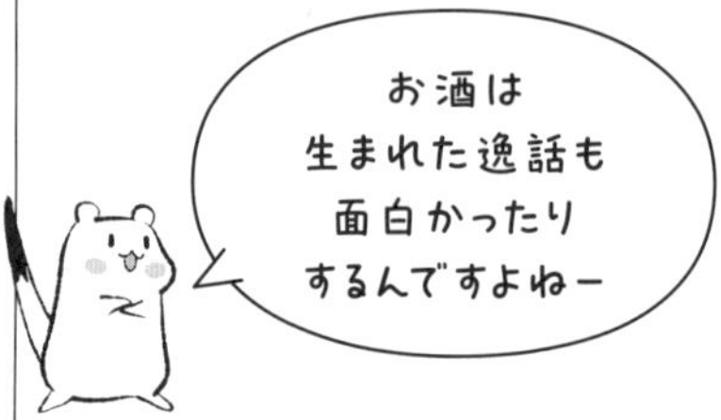
お酒は
生まれた逸話も
面白かったり
するんですよねー

日本酒すすむ！ おすすめ おつまみ

井原水産株式会社
カズチー

どんなお酒にも合う
数の子とチーズのコラボレーション

株式会社デイリーマーム
ゴボチ

ほんのり甘くて止まらない
ゴボウスナック

株式会社 はると
砂肝ジャーキー

たまに百均にあるリーズナブルさ

日本酒紹介

淡麗 辛口
佐々木酒造株式会社
聚楽第

あの千利休が茶の湯に用いたと
伝わっている、銀明水で仕込んだお酒です

濃厚 辛口
KURAND株式会社
落花生男爵

名前の通り落花生とペアリングした時に
真価を発揮。味が濃い料理に合います

淡麗 甘口
有限会社 渡辺酒造店
蓬莱 色おとこ

なんとホストクラブから「女性を酔わす
最高にキレイな日本酒を作って」と
言われて作られたという

濃厚 甘口
株式会社WAKAZE
FONIA SORRA

日本酒とボタニカル素材を合わせたもの
こちらは柚子やレモン、山椒なんかが
混ぜられています

思い出に耽るおこじょさん

おこじょさんは
おばあちゃんっ子
だったんです
物知りで
色んなことをいっぱい
教えてくれました
優しいおばあちゃん
だったんだねぇ……
しんみり
そうなんです…
この間も山に行って
畑で色々採れたって
手紙来てました!
とれたよーっ
何か送って
くれそう〜
おっ……
ご…ごめん
亡くなってるのかと
思って聞いてた……
元気で何より

夏

和と洋の融合！
鯖缶チーズ焼き

お手軽おやつ
海苔チップス

高野豆腐
ヘルシーチーズ焼き

飲んで涼もう！
水出し緑茶

シンプルなおいしさ
モッツァレラ刺身

お酒が進む！
甘とうクリームチーズ焼き

簡単おつまみアレンジで
しみじみ宅飲み

和と洋の融合！
鯖缶
チーズ焼き
ただいま〜
おかえりなさーい
てててててっ
おこじょさん
コレお土産
スーパー
ガサガサ
わくわく
ジャーーーンッ
鯖缶だー!!
鯖缶
好きだよねぇ
そのまま
食べるの？
ぱきゃっ
今日は
一番好きな
食べ方にします！

ドーッ
鯖の水煮缶！
ドドドーッ
グラタン皿！
ドーーッ
溶けるチーズ！
チーズ
鯖缶にチーズ使うの？
鯖缶のポテンシャルすごいですよ
思った以上に相性いいです
あとおこじょさんはチーズが好きなので何にでも入れます！
お皿に鯖を入れてほぐします
ほぐしほぐし
なるほどね…
柚子コショウ少し
お醤油ちょろり

そして上にチーズどーん！
たいーん
贅沢気分の時は２枚使います！
ぱたむっ
※900W 5～10分
チーン
ててーんっ
トースターでチーズとろけたら完成です
はやい
……確かにいけるおいしい
もぐもぐもぐ
おいしーい！
これチーズなしだとどうなるの？
おこじょさんがすごくガッカリします
そうじゃなくて

チーズ嫌いなら
ネギとか乗せてもおいしいです
バターを少し入れるとコクが出ます
なるほどね
他にも醤油の代わりにケチャップかマヨネーズで洋風
ポン酢でさっぱり食べてもおいしいです
ぽん酢
ちなみに100％トマトジュースとちぎったキャベツを入れてトマト煮もできますよ
全て面倒な時は**そのまま開けて食べます**
保存食サイコー
身も蓋もない
鯖缶さぁ………たまに生臭いやつあるよね？
あー
値段が上がると生臭さが減ります！
金
うーん 身も蓋もない
おかねつよい!!

和と洋の融合！

鯖缶チーズ焼き

ちなみに鯖缶以外で、
イワシや鮭の缶詰でも
同じように作れますよー！
柚子コショウの代わりに
レモン果汁でもいいね

材料（2人分）

- **鯖の水煮缶**…1缶
- **溶けるチーズ**…1～2枚
- A［**醤油**…小さじ 1/2
- A［**柚子コショウ**…小さじ 1/2

作り方

1 **鯖缶**は水気を切り、耐熱皿に入れてほぐす。ボウルに**A**を入れ混ぜる

2 **A**をかけ、最後に**チーズ**を乗せる

3 オーブントースター（900W）で**チーズ**が溶けるまで約10分加熱する

お手軽おやつ 海苔チップス

フライパンに
ごま油大さじ1程度
そこに海苔2枚を
バリバリちぎって
炒める！
気持ち大きめが
オススメです
ほぁたたたたたっ
バリ
バリ
最後にお好みの量で
塩パラパラー
白ごまパラパラー
しお
ごま
粉チーズも
ありです
完成！
あ、ウマイ
でも本当
なんで急に海苔？
ぱりぱり…
決して棚の奥から
現れて賞味期限が
危ないわけでは
ガッ
なるほどね

☆海苔が湿気た時にもオススメ――――

お手軽おやつ

海苔チップス

一味とうがらしとか
焼肉のタレをつけても
おいしいね

海苔は焦げると
苦くなるので
焼きすぎには
注意です！

材料（2人分）

海苔…大判サイズ２枚
ごま油…大さじ１
塩…少々
白ごま…少々

作り方

1 海苔を気持ち大きめにちぎる

2 フライパンにごま油を入れ中火で熱し、海苔を入れて約1分炒める

3 塩と白ごまをかける

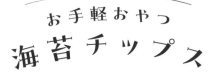

荒れるおこじょさん

あつうううい
ぐるんぐるん
いやああああ
北海道生まれ
エゾオコジョ
えらいことだ
おこじょさん
買ってきたよ
スイカ
ズバァアン
ほあたぁ!
スイカは
余分な熱を取り潤い補給し
塩をかけるとミネラルも
摂取できます!!!!!!
じゃもももも
じゃも
じゃもじゃも
あつうい!
ププププッ
ピッ
優一郎はこの夏
クーラーの
省エネ設定をやめた

安売りダーイスキ
買い物上手♪
ルームシェア～の
台所を預かる♪
ぽっきゅ
ぽっきゅ
ミラクルスーパー
おこじょさ……
どんより
高野豆腐
ヘルシー
チーズ焼き
うちから
瘴《しょう》気《き》が！

なんか 体が重くて もう限界……
どろぉ
あら～…
疲れですかね
運動不足だしなぁ 太ったせいかも…
ハラが…
え……何その 四角いの
高野豆腐で 低糖質レシピに しましょー！
材料（１人分）
高野豆腐：1枚 卵：1個 ツナ缶：1缶
マヨor塩コショウ
溶けるチーズ

まず高野豆腐をお水につけて戻します
大体10分で中まで戻ります！
あ 膨らんできた
ぎゅぅ
柔らかくなったら水気を絞ります
優一郎さんは卵を溶いてください
シャカ シャカ
わかった
ちぎり ちぎり
溶いた卵に高野豆腐をちぎって入れます
ぽぽいっ
卵液が大体染み込んだらツナも混ぜます
お好みでマヨか塩コショウで味付け
どばー
油は切ってね

最後に
チーズ どーん！
チーズ 無敵！
ぺちーんっ
ちーーんっ
トースター
※900W 10分くらい
完成でーす！
おこじょさん天才！
どやっ
ほ〜……
高野豆腐は煮物しか知らなかった
ダイエットに優秀な食品ですよ
おこじょさんも痩せた！このナイスバディを見よ！
ツャ ツャ ツャ
ててーんっ
おこじょさんは動いてるからじゃ…
元気だなぁ…

高野豆腐 ヘルシー チーズ焼き

チーズが苦手な人は、炒ったパン粉で代用できるね
カロリーを気にされる方は、マヨネーズとチーズなしで塩コショウで味付けしてもいいです

材料（1人分）

高野豆腐…1枚
ツナ缶…1缶
卵…1個
溶けるチーズ…1枚
マヨネーズ…小さじ2

作り方

1 **高野豆腐**は水で戻し、柔らかくなったら水気を絞る。**ツナ缶**は汁気を切る

2 ボウルに**卵**を割りほぐし、**高野豆腐**を適当なサイズにちぎって入れる

3 卵液が染み込んだら、**ツナ**を入れ混ぜる。耐熱皿に入れ**マヨネーズ**を全体にまんべんなくかけ、上に**チーズ**を乗せる

4 オーブントースター（900W）で**チーズ**が溶けるまで約10分加熱する

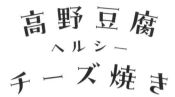

飲んで涼もう!
水出し緑茶
あああああぁ
あああああ
暑いいいいい
あぁあぁあ
クールスカーフも
ダメかす
冷却シート
えらいことだ
へろへろのぷ〜…
今夜はもう駄目です……
水出し緑茶を作ります
お茶
水出し緑茶?

作り方は
めっちゃ簡単
材料はこちら
冷水筒
（好きなサイズ）
緑茶
（ティーバッグでもOK）
お茶パックや冷水筒は
百均でも売ってるよ
茶葉を使う時は
お茶パックを
用意してね！
冷水筒に水を入れて
パックに
茶葉を入れます
ぽてっ
ティーバッグを
使うなら
紐とか取ります
これでOKです！
3時間以上
冷蔵庫に放置で完成〜
ほいっ
分量目安
500 ml
1ℓ
500ml
茶葉5g
1L
茶葉10～15g

夜に作れば朝にはできてるので割と便利です
下にお茶が沈殿してたら混ぜればOK
一日で飲みきってねー
でもまたなんで緑茶？
緑茶には体を冷やす作用があります
ぽっきゅるんっ
冷え性さんは飲みすぎ注意
あ……でも最近カフェイン控えてたんだった
！
大丈夫です！
緑茶は水出しでカフェインを抑えられます
すごいでしょー
えええ⁉ そうなんだ⁉
高温抽出だとカフェインやカテキンが多め
じわぁ〜〜…
水でじっくり出すとカフェインを抑えられるのです

しかも 甘みやうまみが強く ビタミンCも多く
じゃじゃーん
とっても まろやかな 味わいになります
幅広い年齢層に 飲みやす〜い 飲み物です！
番外編
水を入れずに氷だけで抽出する 氷出し緑茶もおいしーい！ 時間はかかるけどオススメ
あと免疫細胞を 活性化させる成分が 多く出るので
風邪や ウイルス予防にも いいんですよー
うーん 水出し すごいね！
でもおこじょさん 今夜はどうするの？
……今夜はワキに 布で包んだ保冷剤を 挟んで乗り切ります
あしたが たのしみだなーーっ
考えて なかったんだ…

飲んで涼もう！

水出し緑茶

飲む前に一度
全体をかき混ぜると
均一になるね
作る時は
「水出し用緑茶」を
使うようにしましょう！

材料（2人分）

茶葉…5g
（ティーバッグの場合は1つ）
水…500ml

作り方

1 お茶パックに茶葉を入れる
2 冷水筒に水と1を入れる
3 3時間以上冷蔵庫で放置する

シンプルなおいしさ
モッツァレラ刺身
ハイボール缶貰ったんだけどおこじょさんも飲む？
つまみ作ってもらってもいいかな？
ハァイ！
たぁんっ
モッツァレラ
モッツァレラチーズを輪切り
トン
トン
わさびと醤油の準備
モッツァレラ刺身一丁上がり！
てて──んっ
ありがとう これ シンプルだけど おいしいよね
おこじょさんはオリーブオイルと塩かけるだけでもOKですよ
ドボボ
ボ
ボ
おこじょさんハイボール更に薄めるの？

シンプルなおいしさ

モッツァレラ刺身

すっごく簡単
すぐ出来る
切らずにまるごと
お皿にうつして
お箸で崩しながら
食べるのも好きですー

材料（2人分）

モッツァレラチーズ…1個
わさび…適量
醤油…適量

作り方

1 モッツァレラチーズを輪切りにする

2 お皿に盛りつけ、わさびと醤油を添える

謎が多いよおこじょさん

外に出るには暑すぎるので
お風呂場でおうちプールします！
てってれーっ
なかなか思い切った格好だ
お酒が進む！
甘とう
クリームチーズ
焼き
なんだろう
何故かちょっと犬みがある……
パチャパチャ
パチャ
うぉー！

ぷいーーーーん
疲れましたぁ……
たるーん
久々にいっぱい運動したからかな?
じゃぁ俺がちょっと
ガコッ
軽くつまむモノでも……
優一郎さんが…料理…!?
ひっ
一応これでも元は一人暮らししてたから……
ガサ

なんですか？
安くなってて買った甘とう
要はししとう
ピーマンもいいよ
甘とうがらし（ししとう）好きなだけ
クリームチーズ好きなだけ
醤油・白ごま
ジュワ
パチ
フライパンに油を引いて甘とうを焼き目がつくまで焼く
パチ
ちぎり
ちぎり
クリームチーズをちぎって雑に混ぜる
タラリ
醤油をちょっと垂らして白ごまをかける
パラリ
完成
チーズを溶かしつつ食べるとおいしい
包丁もいらない楽チン
チーズ駄目ならマヨでもあり
すごい！
優一郎さんが料理できてる！すごい！
ぱち
ぱち
ぱち
ぱち

だから全くできないわけでは……
いただきまーす！
ほふほふっ
サクサクッ
おいしーい！
でもなんで急に??
今日はおこじょさんお疲れだったし
甘とうは夏が旬！
ビタミンCとβカロテンが豊富で強い抗酸化作用があるよ！
いつも作ってもらってるしね
おぉー！ありがとうございます！
とりあえずひとつ言えるのは…
これにはビールだ!!
うひょーーっ
ぱんっ
めっっちゃわかる

お酒が進む！

甘とうクリームチーズ焼き

カッテージチーズや
サワークリームでも
おいしく食べられますね！
熱いうちに
チーズを乗せるのが
ポイントだね

材料 （2人分）

甘とうがらし…４本
クリームチーズ…10g
醤油…少々
白ごま…少々
サラダ油…小さじ１

作り方

1 フライパンに**サラダ油**を引いて中火で熱し、**甘とうがらし**を入れ全体に焼き目がつくまで焼く

2 お皿に入れ、**甘とうがらし**が熱いうちに**クリームチーズ**をちぎって乗せ軽く混ぜる

3 **醤油**、**白ごま**をかける

のんびり宅飲みでも
しちゃおっかな
きゅりっ
きゅいっ
優一郎さん仕事でお泊まりなので一匹で！
好きに過ごしてね
誰かと飲むのも楽しいですが
よっこいしょーっ
ミニちゃぶ台。
一匹飲みも楽しいのです

がさーっ
肴！
ホタルイカ素干し
ちーたら
おさケーっ
最近ちょっと原酒にハマりました！
とっとっとっとっとっ。。。
片口に飲む分を注いで……
きゅっ
うまーいっ

お酒にあぶったイカイカイカ〜♪
チリ
ホタルイカの素干しはライターで炙る！
ホタルイカの素干し
きゅ〜〜〜っ
ライターであぶる
チリ
チリ
お好みで焼き目つけて…
香ばしくって肝のホロ苦がおいしーい
止まらない味わい
カリカリ
カリ
きゅむきゅむ…
あ！
焼きチータラもできました！
チータラ
クッキングシートに重ならないよう食べる分を並べる
ラップをせずにレンジで焼き目をつける
600W
30秒
くらい
足りなかったら様子見て加熱！

冷めたら完成！
サクサク
カリカリ
軽くてサクサクカリカリ！
どんなお酒にも合うやつ～
映画も見ちゃおっ
はー………
のんびり宅飲み楽しーい！
お水もしっかり飲みましょう
よった～

簡単おつまみアレンジで
しみじみ宅飲み

焼きチータラ

レンジで温めるときは
目を離さないように
気をつけましょう
サクサクした
スナックみたい

材料（1人分）

チータラ…食べる分だけ

作り方

1 耐熱皿にクッキングシートを敷き、**チータラ**を重ならないように並べる

2 ラップをせずレンジ（600W）で約30秒、表面に焼き目がつくまで加熱する

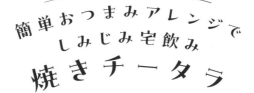

秋が待ち遠しいおこじょさん

秋

ダイエットの味方、
白だし湯豆腐

ワインにも合うデザート！
焼きバナナ

アレンジ色々
茄子ピザ

ほろ酔いでも作れる！
クリームチーズ酒盗

体も心も温める
ココア

漬けて待つだけ！
3種の味卵

ちょっと贅沢気分、
クスクスのスープ

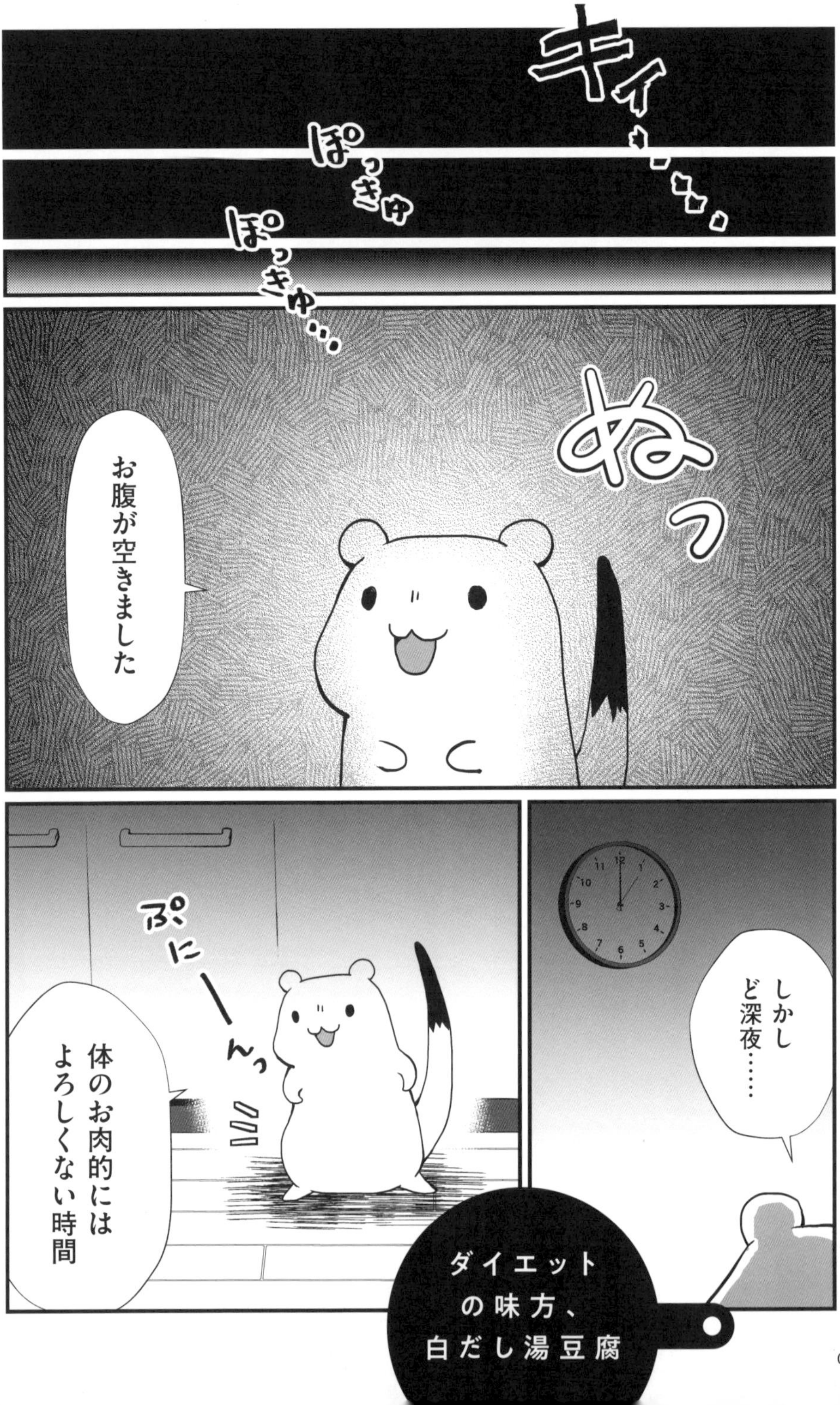
キィ……
ぽっきゅ
ぽっきゅ…
ぬっ
お腹が空きました
しかしど深夜……
ぷにーんっ
体のお肉的にはよろしくない時間
ダイエットの味方、白だし湯豆腐

むに———ッ
ダイエットもしなきゃなんですが……
睡眠が空腹に勝てない……
言い訳してる時点で負けな気もしますが……
罪悪感が低めのモノを食べます
パカッ
豆腐！
てて———ん
豆腐

材料はこちらです
お好みで
好きなサイズの好きな豆腐
白だし
白だしと水
卵
肉とか野菜
鍋も好きなモノを
おこじょさんは小さい土鍋で―
作り方は材料入れて煮る
豆腐は切らずに入れる
白だし
味付けは白だしのみ！お好みの濃さで
くつ くつ くつ…
他にも色々材料入れるなら
まとめて入れちゃう
※豆腐は木綿だと腹持ちがよい
以上です！
煮えたらかんせーい！
アツアツを箸で崩しながら食べます
はふはふ食べるとおいしーい！
いただきまーす！

何してるの
パチッ
パッ
ぎゃーー!
ちち違うんです
コレには訳が……
決して盗み食いは
泥棒かと思った
いや怒らないし
ちゃんと部屋で食べなよ
いい匂い
ぐ
え……
半分くれるの？
なんかゴメン
ほっふ
ほっふ
いいんです
罪悪感がまた少し
減るので……
何の話？

ダイエットの味方、白だし湯豆腐

ホッとする
味だなあ
柚子コショウを
つけながら食べても
おいしいですよ～！

材料（2人分）

豆腐…1丁
白だし…15ml
水…200ml

作り方

1 鍋に**白だし**と**水**を入れる

2 **豆腐**は切らずにそのまま鍋に入れ
中火にかけ、沸騰するまで加熱する

ワインにも合うデザート!焼きバナナ

ヘイヘーイ
睡眠の質あげなーい?
……俺 あんまり寝不足にならないんだよね
割とぐっすり寝られるタイプ
だろうなって思ってました!
まぁだから勝手にやります 睡眠は大事
おこじょさんって
あんまり俺の意見関係ないよね

じゃーん
バナナ？
脳をリラックスさせるのにナイスな食材なんです
バナナに含まれるトリプトファンはセロトニンの材料で寝つきをよくしたり精神を安定させる作用があります
トリプトファン
幸福ホルモン
セロトニン
日光浴でもセロトニンの分泌が促されます
トリプトファンが不足すると睡眠の質が低下するのかぁ
どうせ食べるならおいしいスイーツにしたいところ〜
まー面倒ならバナナと牛乳取るだけでも
早い！
安い!!
ウマい!!!
また身も蓋もないことを…

食べやすいサイズに
バナナをちぎります
もちろんナイフを
使ってもいいです
ちぎ
ちぎ
ちぎ
ちぎ
フライパンに
バターを入れて
バナナを炒める！
バターの代わりに
ココナッツオイル
でもOK！
じゅわ〜っ
この時にハチミツか
メープルシロップを
一緒に入れまーす
てーん
バナナがふやけて
焼き目がつくまで
焼きます
ちなみに刻んだ
ナッツを入れても
おいしーい！
アーモンド
マカダミア
カシューナッツ
完成！
ほっこり
焼きバナナの
でき上がり！
いつにも増して
自由度の高い
レシピだ……

最後に材料一覧……
好きに作って大丈夫です
材料
バナナ1本
ちょい足し用
・ナッツ（好きなもの）
・シナモン等
ハチミツかメープルシロップ
（砂糖やチョコソースもあり）
バターか
ココナッツオイル
ちなみに軽めのワインに合います
白ワインとか〜
デザートワインとか〜
うん…
本当にお酒大好きだよね…
おこじょさんは割と好き……
甘口の日本酒にも合います……
日本酒も!?
まぁ気落ちした時に温かくて甘いものはホッとするので
お手軽に試してみてね
おこじょダ〜ンス
きゅいっ
きゅいっ
もっく
もっく
もっく
思った以上においしいなコレ……

ワインにも合うデザート！

焼きバナナ

ピーナッツバター
とかも合いそう
柔らかいバナナは
手でちぎると
ぐちゃぐちゃになるので、
ナイフで切るとよいです！

材料（1人分）

バナナ…1本
バター…10g
ハチミツ…小さじ 1/2

お好みで

アーモンド
マカダミアナッツ
カシューナッツ
…適量

作り方

1 **バナナ**を一口大に切る

2 フライパンに**バター**を入れ中火で熱し、
バターが溶けたら弱火にして
1と**ハチミツ**を入れて炒める

3 **バナナ**に焼き目がつき柔らかくなるまで焼く
※お好みで刻んだ**ナッツ**も
バナナと一緒に入れて炒める

アレンジ色々茄子ピザ
ぽっきゅ
ぽっきゅ
ぽっきゅ…
おこじょちゃん
おこじょちゃん
あっ
お向かいのおばあちゃん!
おこじょちゃーん
こんにちはー
はい こんにちは
ぺこり
この前は荷物を持ってくれてありがとねぇ
おこじょさんいつでもお手伝いしますよ

それで
お礼をあげようと
思ってねぇ……
ごそごそ
？
ほ？
……という
流れでいただいた
このお茄子！
てててーんっ
嘘でしょ……
なんで俺より
ご近所付き合い
してるの……
しっ
び
お向かいの方の
顔も知らなかった……
そーこーでー
今日は
お茄子ピザに
しましょうかね
わたしが作りました
おばあちゃん産の
お茄子
おいしそう

秋茄子は嫁に食わすなと言いますが
体を冷やすので気遣いのためだったりもします
茄子のヘタを黒焼きにした粉は口内炎に効く
と言われているとか
口内炎
こんな効果も
抗酸化作用
予防
動脈硬化
老化
へぇー
なにごとも ほどほどに～
食べすぎると下痢とかになるので
お気をつけてー
材料はこちら
茄子
食べる分だけ
オリーブ油・サラダ油など
ケチャップ・ピザソースなど
チーズ・パン粉等
…茄子ってさ

炒めてるうちに油なくなっていかない？
アレ…
？
茄子が吸っちゃうんですよねー
おこじょさんは先に切った両面に油を塗ってコーティングしちゃいます
茄子を1㎝程の輪切りにして少しレンチン
600Wで3分ほど
あとはシンプル
好きなの乗せちゃう
チーズやパン粉
ケチャップorピザソース
輪切りのナス
油を引いたフライパンに並べて火を通す
あーわかったピザトーストの茄子版だ
んっ
ヘイおまちっ
ビール
じゃ
それです！
そうだ
明日は植木屋のおじいちゃん家にお呼ばれをしてて
うま。
ビールに合う…
もぐもぐ
いってきますねー
もっもっ
誰!?近所の人!?

アレンジ色々
茄子ピザ

ピザソース使ったら
もっと豪華になりそう
チーズも
モッツァレラなど
色々変えてみると
おいしさが変わります!

材料（2人分）

茄子…２本
ピザ用チーズ…40g
ケチャップ…大さじ１
オリーブ油…小さじ１

お好みで
バジル…５枚

作り方

1 **茄子**を輪切りにし、
両面に**オリーブ油**（分量外）を塗る

2 耐熱皿に**1**を並べ、ふんわりとラップをかけ
レンジ（600W）で約３分加熱する

3 フライパンに**オリーブ油**を引いて中火で熱し、
2を並べ上に**ケチャップ**と**チーズ**を乗せ、
チーズがとろけるまで焼く
※お好みで**バジル**を乗せる

おいしい日本酒が手に入ったのでクリームチーズ酒盗作ります！
はい。
あぁ……今日のお使いはそれかぁ
材料はこちら！
クリームチーズ
酒盗
ぱっん
この2つを混ぜます
ねりねり
割合はお好み おこじょさんはチーズ多めが好き
はい！完成 酔っ払ってても作れますよ
てーーーんっ
塩辛でも作れるねコレ
とっとっとっとっ
とっ

ほろ酔いでも作れる！クリームチーズ酒盗

うまーい！酒が進む!!
すっきり
すりすりーっ
ぷっはー
このおつまみ塩気強いね
そうですだからチミっと舐めて
きゅっ
こんなにうまーい！
ちゃんと水も飲んでね
翌日
うあああああ飲みすぎですううう
ぬあぁぁあぁん
だから水飲んでって言ったのに
はいスポドリ置いとくよ

ほろ酔いでも作れる！
クリームチーズ酒盗

ふかしたじゃがいもの 上に乗っけて 食べてもおいしーい！
ネギやシソを 入れても おいしそうだね

材料（1人分）

クリームチーズ…大さじ2
酒盗…大さじ1

作り方

1 ボウルに**クリームチーズ**と**酒盗**を入れ、混ぜる

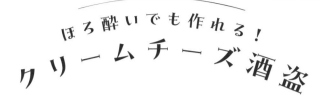

倹約家なおこじょさん

なんということでしょう!
ばーんっ
玉ネギがお安い……!
たまねぎ 1ネット
150円
お野菜はいつも数件向こうのスーパーが安い
てーっ
てってけ
これは急いで向こうに行かねば……!
すーんっ
あ!? まさかこっちの方が高いなんて…
玉ネギ1玉
70円
急いで戻ります
いやー!!!!!!
完売しました
あーー!!!!!! やり場がなーい!!!
ぐるん
おこじょさん
おろかーっ
ぐるん
おぉ……
買い物から帰ってきてから荒れている…

ストレスに
んっ
ぬー
ココア
スクワット中
どうしたの急に
本で読みました！
食欲不振にも
効果があるとか
ストレス対策
したくないかー！
最近あんまり
ストレスないなぁ
おいしいココアが
飲みたくないかー！
それは飲みたい

お湯入れるだけでできる調整ココアもお手軽ですが
てて一一んっ
今回は砂糖などが入ってない純ココア
鍋を使わずに作ります面倒だから！
マグカップにココアとハチミツを同量くらい
濃いめが好きなら大さじ2くらい
粉っぽさがなくなるまで練る
ねりねりねりねり
そして大体ココアと同量くらいの牛乳を入れ混ぜます
牛乳
ココア
無調整豆乳もいいよ
そしてレンチン！温めすぎず大体1分くらいで
チンッ
※レンジ差あるけど600Wでやってるよ
ぐるぐるぐる
出したらまた練って完全に混ぜます

そして上まで牛乳を入れてしっかり混ぜる
ドーっ
もう一度レンチンすれば
ホットハニーココア完成!
じゃーんっ
牛乳が沸騰しないように注意してください!
あとはお塩を少々とかブランデーやウイスキーを小さじ1杯入れたり
マシュマロや生クリーム…アレンジ自在!
じゅるり…
色々入れられる!!
しお
生クリーム
ブランデー
ウイスキー
マシュマロ
うま
やっぱり純ココアはコクがある…気がする
これハチミツの種類で甘さ変わる?
そうですー!だからもし甘すぎる時は
ハチミツを少し減らしてもいいですよー

テンション低い時こそ
美味しいものが欲しい
でも気分が
ダルい時は
お鍋を使ったり
後片付けしたりは
面倒
そんな時にぴったりの
マグでお手軽
ハニー純ココア!
でもさ
ダルさ最高潮の時って
もう練る作業さえ
嫌じゃない?
そんな時は
お湯だけで
できる方……!
ぱあああ
☆コレが
文明の利器――
そこのこだわりは
ないんだ……
ミルク
ココア

体も心も温める
ココア

お酒を入れる場合はラム酒にするとデザート感が増しますよー
アレンジで結構味わいが変わってくるね

材料（1人分）

純ココア…大さじ 2
ハチミツ…大さじ 2
A［牛乳…60ml
B［牛乳…150ml

作り方

1 マグカップに**ココア**と**ハチミツ**を入れ、粉っぽさがなくなるまで混ぜる

2 **A**を加え混ぜる

3 レンジ（600W）で約 1 分加熱し、取りだしたら練りよく混ぜる

4 **3**に**B**を入れて混ぜ、更にレンジ（600W）で約 1 分加熱する

漬けて待つだけ！3種の味卵

ちーーーーん
……ごめんなさい ヤル気がぽんこつ おこじょさんです…
しおしおのぱ〜〜
そういう時は 気にせず休んで
優一郎さん 食事が適当だから 心配ですぅ……
あれ
おこじょさん 冷蔵庫の中に
謎の保存容器が 3つあるけど

それは昨日ハイテンションで仕込んだ……
3種類の味卵
のぺーん
3種類も……
よっこいしょ…
まぁ作ってみて思ったことがあります
別にそんなに作らなくてよかったなぁと……
そうだと思うよ
とりあえず
・めんつゆ味
・白だし味
・味噌味

茹で卵があれば作り方は簡単
どーんと一覧
めんつゆ
麺つゆ
2倍濃縮そのまま
※3倍・4倍は
お好みで薄めてね
白だし
白だし
白だしと水を
1：1で割る
味噌
みりん
味噌
味噌大さじ2
みりん大さじ2を混ぜる
容器やポリ袋等に入れた
茹で卵を漬ける
※半日～1日で食べられるよ
メモ
チョイ足しににんにくや生姜ごまがオススメ
チューブやすりごまをお好みでＩＮ！
にんにくと味噌とかもいいね
にんにく
生姜
でも茹で卵が失敗率高くて
タイマー使うといいですよ

冷蔵庫から出した卵を
沸騰したお湯で8分
その後すぐ水で冷やす
これが
おこじょさんの
個人的ベスト
コレを
08:00
こーして
こう。
色々作ってくれたし
用意して
食べ比べようかな
ひょこっ
とろとろしみしみで
うまーい!
パァァァァァ
用意ありがとう
ございましたー
こちらこそ
いつもありがとう
もっと甘えていいよ

漬けて待つだけ！
3種の味卵

味が濃くなるので、
漬けすぎに注意！
半日～1日程度したら
取り出しましょう！
おにぎりの具や
ポテトサラダにしても
いいね

材料（各味1～2人分）

【めんつゆ】
卵…3個
めんつゆ2倍濃縮…200ml

【白だし】
卵…3個
白だし…100ml
水…100ml

【味噌】
卵… 3個
味噌…大さじ2
みりん…大さじ2

作り方

1 鍋に全体が浸かる程度の水を
沸騰させたら冷蔵庫から出した**卵**を
そっと入れ、8分加熱する
すぐに水で冷やし、**卵**の殻をむく

2 **【めんつゆ】【白だし】【味噌】**
それぞれの**調味料**と**卵**を一緒にポリ袋に
入れて半日～1日程度冷蔵庫で置く
※**味噌味卵**は、ポリ袋の上から
手で軽く揉み、**卵**に味を馴染ませる

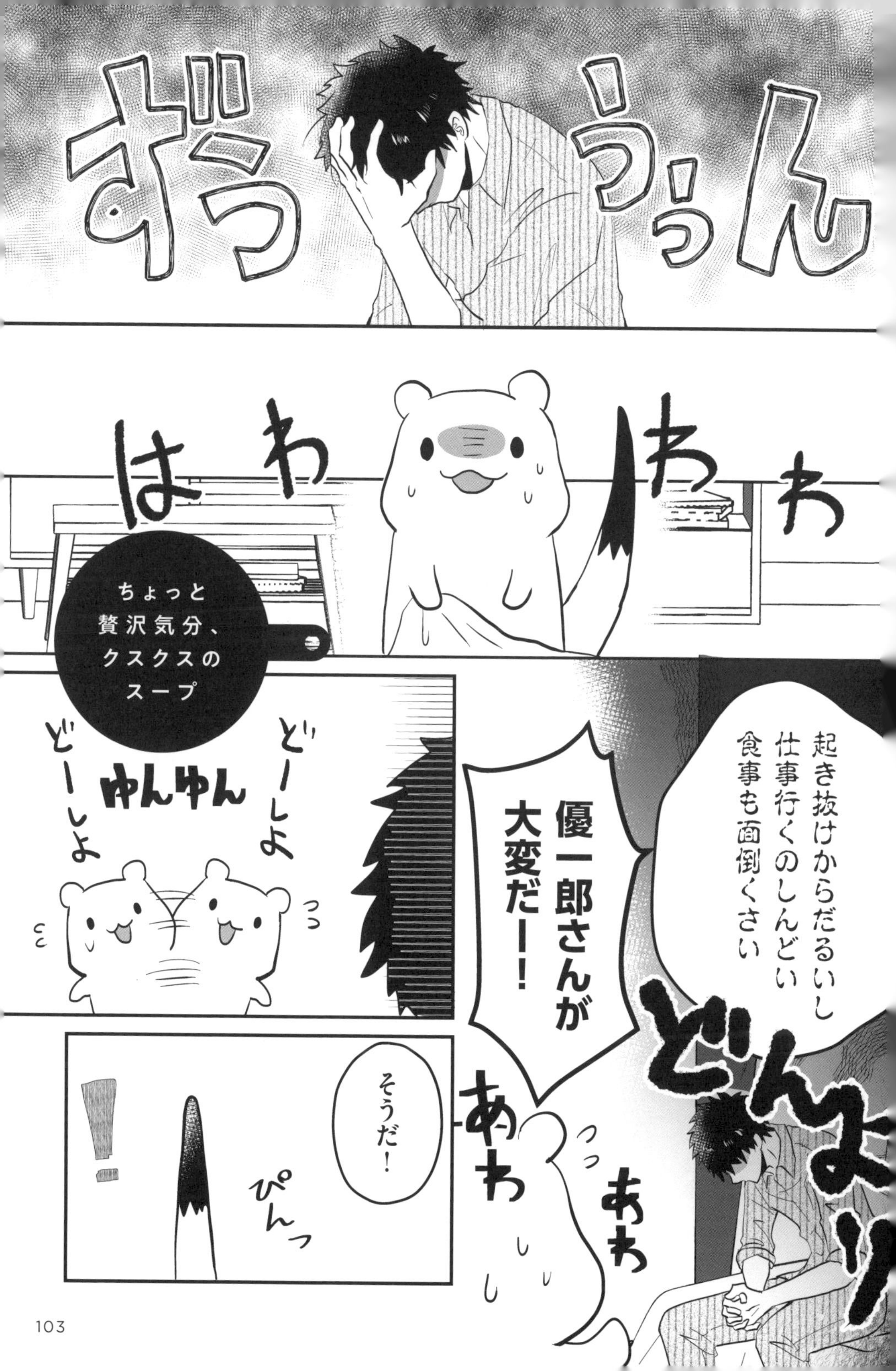
ずつうっん
はわわわ
ちょっと
贅沢気分、
クスクスの
スープ
起き抜けからだるいし
仕事行くのしんどい
食事も面倒くさい
どんより
優一郎さんが
大変だー!
あわあわ
どーしよ
どーしよ
ゆんゆん
そうだ!
ぴんっ
!

食べるの面倒なら
スープなら
どうですか？
………
…それなら
作ります！
ばびゅーんっ
トッ
コ
お湯
入れるだけの
コーンスープ
ですけど
ありがとう
なんかゴメンね
寝起きは味噌汁とか
温かいものを飲むと
消化器官が温まって
元気が出ます！
お湯でも
いいです
…ん？
おこじょさん
なんか入れた？
それは
クスクスです
洋食によくある
付け合わせの
雑穀みたいな？
こういうの
実は世界最小の
パスタなんですよ

茹でなくてもお湯でふやかせば食べられるんです
クスクス大さじ2杯くらい
インスタントスープ1袋
あとは普通に作るだけ！
どんなインスタントスープでも合いますよー
結構ふくらむので少ないかな？くらいが丁度いい量です
ぎゃーっ
こんもり
思ったより味にクセないなぁ
もぐもぐ
和風だしで雑炊風にもできますよー
和風ダシ
オススメはスープですけどごはん代わりにもなります
戻し方
クスクスと沸騰したお湯1カップずつ
ボウルに入れて5分蒸らす
できたらオリーブオイルかバターを入れる
OIL
おこじょさんはレトルトカレーが好きです
最後にチーズ乗せて焼きます
カレー
ちーず
かれー
くすくす
完成
ほんっとうにチーズ好きだね…

あ
なんか温まったら
少し気力が湧いた
ヤッター！
コレがダメなら
お玉で頭叩いてみようと
思ってました！
マジか
今日は無理せず
早めに帰るよ
それがいいです
少しサボっても
死なない！
行って
きます
キィ
行って
らっしゃーい
夕飯は
優一郎さんの
好きな
2色丼にします
ばたんっ
ふう
優一郎さん
たまーに寝起き
ネガティブで焦るー
てってけてー
さて
朝ごはん
食べましょう
ぽきゅ
ぽきゅ

ちょっと贅沢気分、
クスクスのスープ

いつもの
インスタントスープが
ちょっと豪華になるね
見た目以上に
満足感も高い
食材でーす

材料（1人分）

クスクス…大さじ2
インスタントスープ…1袋
熱湯…インスタントスープ記載量

作り方

1. 器に**インスタントスープ**の素と**クスクス**を入れる
2. **熱湯**を加えて軽く混ぜる

お気持ちだけで…

献血をしてくださる皆様ありがとうございます

冬

甘さ増す！冬にぴったり
焼きみかん

甘じょっぱいがたまらない、
カマンベールハチミツ

これぞ民間療法！
大根湯

レンチンでほくほく！
ふかしじゃがいも

がっつりごはんに
ポテトグラタン

食感楽しむ
焼きたらこ

バレンタインに作りたい、
生チョコ

忙しい毎日に
簡単味噌汁！味噌玉

甘さ増す！
冬にぴったり
焼きみかん
風邪ぎみかも
それは！
一大事ですよ
だば
だば
ペチペチペチッ
そうかな？

そんな時は～
ずいよ ずいよ…
てて～ん
焼きみかん！
……ええ
みかん
焼くの……？

みかんには免疫力を高めるビタミンCたっぷり
白い筋にはビタミンPが含まれるのですが
焼くことで白い筋も気にならなくなって食べやすくなります
【ビタミンP】ビタミンCの吸収率を上げるよ
作り方！
手段問わず
グリル
フライパン
トースター
皮が黒くなるまで焼くだけ！
中身まで焦げないように気をつけてくださいね！
アルミホイル
ぷわ〜〜ん
アルミホイル敷いてひっくり返しつつ焼くといいです
焼き芋みたいな匂いがする……

火傷に気をつけて
お箸で皮をむきます
ほぐしほぐし
ほっこほっこ
甘みが強くなった
皮も食べられる？
食べられます
おいしーい！
皮も食べると実はより効果的です！
皮を食べる場合は焼く前に十分に洗ってくださいね
バターを乗せると
おいしいですけど
食べすぎ注意です
ぽってり。
………
そ…っ
やめて！

甘さ増す！冬にぴったり

焼きみかん

ちょっと
ジャムっぽさもあるよね
シナモンを振っても
おいしそう！

少しすっぱい
みかんも
焼くと甘くなるん
ですよ～

材料（1人分）

みかん…1個

お好みで

バター…5g

作り方

1 **みかん**はよく洗い、フライパンに入れて
皮全体が黒くなるまで中火でじっくり焼く
※**みかん**の皮をむき、
お好みで熱いうちに**バター**を乗せて
溶かしながら食べる

甘じょっぱいがたまらない、カマンベールハチミツ
なんだか毛並みがパッサパサ
キャ～
デーーッ
毛並みが……
ぱっさぱさ…
あら～
乾燥してるんですかねー
これは毛艶対策せねば！
メンズスキンケアですよっ
スキンケア……？
毛並み……毛艶……

てってれ～
というわけで
ハチミツ
でーす
はちみつ
ハチミツ？
ハチミツ！
ハチミツには
肌を潤す効果が
あるのです！
肌や髪によくて
腸内環境をよくする
オリゴ糖も
含まれているので
お通じも
よくなりまーす
はちみつ
ぽっきゅ
ぽっきゅ
※注意
1歳未満の方は
食べられないので
注意です
1歳未満
びくっ

それでは本日は
カマンベール
ハチミツかけ～
出た
チーズ好き
んばっ
ほい材料！
カマンベール
チーズ
１個
ハチミツ
お好みの量
お好みであるとよい
黒コショウ
ジャム
ジャムはママレードか
ブルーベリーが
おこじょさんは好き
カマンベールを
好きなサイズに
カット！
切るの面倒だったら
ちぎってもいい！
時間はお好みで
（トースター900Wで５～10分くらい）
てーん
耐熱皿に入れて
レンジorトースターで
とろけるまで温める！
熱々のうちに
ハチミツを
かける！
とろ～ん
ほわ　とろりん
以上でーす！
最後にお好みで
黒コショウとか
ジャムをちょっと
かけると
うまーい！
なんかお洒落な
デザートっぽい
感じだね

ちなみにチーズ苦手なら
ナッツでもできまーす
焦げないように加熱してね！
ぽきゅっきゅーん
フライパンで炒めてもいいよ！
ワインにとっても合います〜！
でも俺ワインが合わないのか悪酔いしやすくて…
ノンアルコールワイン！
自分にご褒美晩酌！
ノンアルコールワイン最近は種類も豊富でとってもおいしいです〜
しかも低カロリーなのでこっち飲みましょう！
ひょうっ
すごい……ノンアルで晩酌の発想……

甘じょっぱいがたまらない、
カマンベールハチミツ

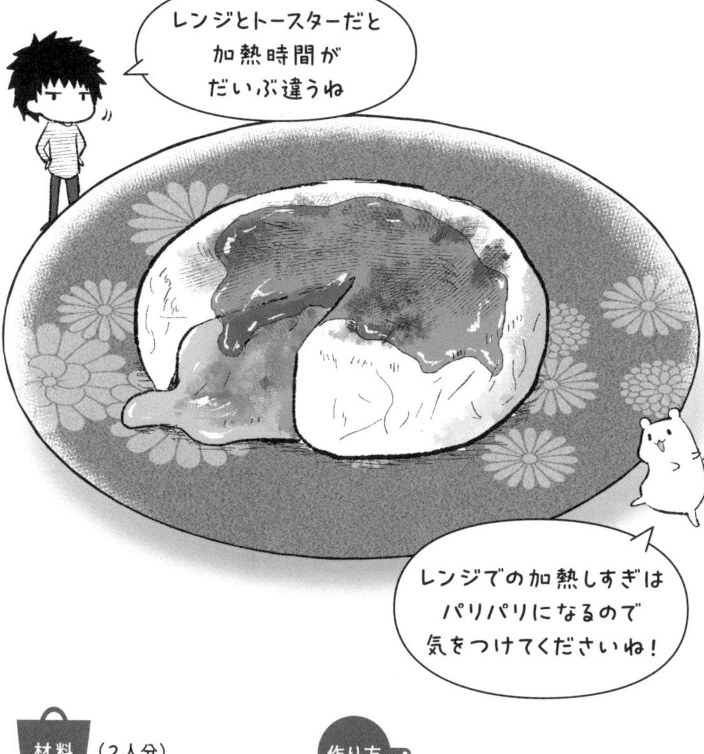
レンジとトースターだと
加熱時間が
だいぶ違うね
レンジでの加熱しすぎは
パリパリになるので
気をつけてくださいね！

材料（2人分）

カマンベールチーズ…１個
ハチミツ…小さじ１

作り方

1 **チーズ**を好きなサイズにカットする

2 耐熱皿に**1**を乗せ、レンジ（600W）で**チーズ**がとろけるまで約１分加熱する

3 冷めないうちに**ハチミツ**をかける

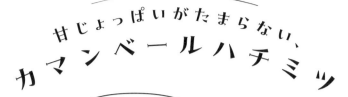

どじっこおこじょさん

ぽきゅーん
おかえりなさーい
……
おこじょさん 耳が増えてる
えっ
さわさわ
これは… たんこぶ!
えっ
ここに予備のマヨ…
マヨ～?
ゴッ
ガタ
さっき引き出しをあさってて……
ゴッ
ガタ
見つけ…
スコーーーンッ
アイターッ
それで掛けてあったおたまが……
ひんやり
よく冷やしてね
大怪我しなくてよかったよ……

これぞ民間療法！大根湯

風邪引いたかも
イガイガ
食欲が……
薬飲むほどでもないけど……うーん……
びくっ
ふ、ふ、ふ、ふ。。。
試してみますか民間療法
ビックリした……

そんなわけで大根湯！
大根湯
んばーーん
効能はこちら！
びしっ
熱のある風邪の初期症状・のどの炎症・イガイガ
けふ けふっ
肌荒れ・腰痛・肩こり・頭痛
お腹の張り・胸焼け・二日酔い・胃腸の不調
……効能多すぎじゃ……
!?
民間療法ですしねー過信したらダメです
でも食欲がない時に丁度いいので飲んでみましょう！

作り方は簡単！材料はコチラ
大根湯の材料
醤油
大根
お湯
しょうが
生姜
大根と生姜をおろします！
ぞり
ぞり
ぞり
大根：大さじ3
生姜：小さじ1
お醤油を小さじ1
まぁ醤油の量はお好みで大丈夫
どべべべべべべ
全部を器に入れて2カップ分（400㎖）のお湯で割ります！
これででき上がり！

お番茶で
割ると香ばしくて
もっとよいです！
梅干し1個
入れるのも
オススメ！
茶
お番茶
ウメぼし
おいしーい！
これ一杯で
いいの？
たくさん飲めば
治るってもんじゃ
ないので！
あとお腹
ちゃぷちゃぷに
なります！
ぽきゅーーんっ
なるほど
ほっこり。。。
素朴な味の
大根スープ感……
病院にかからなくて
いいように
予防しましょうね～
健康が一番！
きゅいっ
きゅいっ
きゅいっ
ほんとに元気だね
おこじょさん

これぞ民間療法！

大根湯

胃腸の不調で
食事が通らない時、
胃を休ませるために
飲むのもいいですよ！
梅干し入れたら
サッパリして
飲みやすいしね

材料（1～2人分）

（すりおろし）大根…大さじ3
（すりおろし）生姜…小さじ1
醤油…小さじ1
水…400ml

作り方

1 **大根**と**生姜**はそれぞれすりおろす

2 小鍋に**水**を入れて沸かす

3 マグカップに**1**、**2**、**醤油**を入れて混ぜる

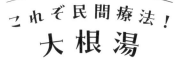

おばあちゃんから
おじゃが
届きました－！！
じゃがいも～～っ
え？
じゃがいも？
おばあちゃんの
おじゃが
おいしいんです～
いいね
お返しとかした方が
いいのかな……
でも
よかったですね
おじゃがは
優一郎さんに
ぴったりですよ
じゃがいもは
何がいいの？
レンチンで
ほくほく！
ふかし
じゃがいも

ストレスや老化の予防にピッタリです
じゃがパワーっ
その勧められ方なんか悲しい
じゃがいものビタミンCが老化の原因を抑えてくれます
胃。
ストレスに対抗するホルモンの生成もサポート!
ビタミンCがデンプンに包まれてるので加熱しても破壊されにくく大変優秀!
じゃーん
でんぷん
ビタミンC
注意点
芽
緑化した皮の部分や芽はソラニンという毒素があって
吐き気やめまいなど引き起こすので取り除きましょう~
緑化

蒸し器でもいいけどお湯で茹でる方法はこう！
皮ごと食べるとビタミンCをより逃さないですよ～
土の中の野菜は水から茹でまーす
ふかし芋（お湯）
芋（芽は取る）がかぶる量の水を入れる
中火で沸騰したら更に20分茹でる
竹串を刺してスッと通ったら完成（火傷に注意！）
えっ20分も!?
長っ
という時は～
ててーんっ
電子レンジです文明の利器☆
それでもいいんだ
ふかし芋（レンジ）
キッチンペーパーを水で濡らして芋を包む
それをラップで包む
レンチン
600W　4分くらい
500W　5分くらい
竹串がスッと通れば完成！
※足りない時は30秒ずつ様子を見ながら加熱
キッチンペーパーなくても作れるけど
あった方がおいしい気がします～
熱いから気をつけてね～

胃腸が弱ってる人は優しくお塩だけで食べてくださいね
元気な人はお好みで色々～
岩塩とかでシンプルに
調味料色々
マヨ
チーズ
オイル
ツナ缶
しおから
おこじょさんは刻んだアンチョビを少し乗せて黒コショウかけるのも好き
なるほどね……じゃがいもは結構あるの？
ありますよ！
どどんっ
ふたりで…!?
待って多くない？
ぽきゅるんっ
暫くはおじゃが生活ですね！
おこじょさんおじゃがだーいすき☆
本当に？全部食べられる？

レンチンでほくほく！

ふかしじゃがいも

アツアツなので、
皮をむく時は
火傷に気をつけて
くださいね!
コンビーフを添えても
おいしいよね

材料（1人分）

じゃがいも…１個

お好みで

岩塩
マヨネーズ
チーズ
ツナ
塩辛など
…適量

作り方

1 **じゃがいも**は芽があれば取り除き、皮つきのまま、水で濡らしたキッチンペーパーで包む。
更にその上からラップで包む

2 レンジ（600W）で竹串がスッと通るまで約４分加熱する。柔らかくなったら皮をむく
※足りない場合は30秒ずつ様子を見ながら加熱する
※お好みで食べる時に**岩塩**、**マヨネーズ**、**チーズ**、**ツナ**、**塩辛**などをつける

時間は有限!

ぽっきゅん
年末年始は牛乳の応援をしたいです！
がっつりごはんにポテトグラタン
牛乳
なんでまた牛乳を
そもそも今牛乳の消費が少ないんですよね
※2021年12月
しかもコロナの影響で外食産業が未だに立ち直れてないんですよね

さらに年末年始！
学校がお休みで
給食がないので
余計消費されない
んですよねー
その余った牛乳
バターとかにしても
駄目なの？
この時期は
いっぱい
作るんですが
もうムリ〜〜
フル稼働しても
牛乳を使いきれない
そうなんです
工場も
作れる量が
決まってるので
なるほど
シャカ
シャカ
牛乳生産を減らすのは
牛さんを減らすことに
なっちゃいますし

牛さんを一度減らすと
また増やすのに3年はかかるし酪農家さんが大変
とんとんとんとん
まぁ食生活は人それぞれですが
自分ができる範囲で消費の意識はしたいですよね〜
ぐつぐつぐつぐつ
何作ってるの
ポテトグラタン！
え嬉しい
おこじょさんが好きなやつです〜
材料はこちら
じゃがいも3個ほど
溶けるチーズ
牛乳大体400 〜 500ml
コンソメ
バター
塩コショウ・コンソメ・バター
じゃがいもは皮をむいて薄めに切ります
後が楽です！
スパー
この時、水にさらしたり洗ったり「しない」方がうまくいくそうです！

だーっ
バターで軽く炒めたら芋が浸るくらい牛乳を入れて
塩コショウとコンソメをお好みで入れて煮る
とろみがついたら耐熱容器に入れてチーズかける
チーズぱらぱらー
濃さは味見してみてね
なんでとろみがつくの？
じゃがいものデンプンのおかげですよー
だから薄めに切る
アッなるほど…！
てて〜ん
トースターでチーズが溶けたらでき上がり
完成。
本当に普通のグラタンだ
シンプルなのでアレンジ自由
ベーコン入れたり鶏肉入れたりしてもおいしーい！
ほっふ、ほっふ、

がっつりごはんに

ポテトグラタン

切ったじゃがいもは水にさらさないのが上手く作るポイントです！
元はドフィノワっていうフランスの郷土料理だとか

材料（2人分）

じゃがいも…3個
牛乳…400ml
溶けるチーズ…2枚
バター…10g

お好みで
塩コショウ
…小さじ 1/2
コンソメ（顆粒）
…小さじ 1/2

作り方

1 **じゃがいも**は皮をむき、厚さ2～3mmの薄切りにする

2 フライパンに**バター**を中火で熱し、1を入れて軽く炒める

3 **牛乳**を加えしっかりとろみがついたら耐熱容器に入れ、**チーズ**を乗せる
※お好みで**塩コショウ**、**コンソメ**は**牛乳**と一緒に加える

4 トースター（900W）で**チーズ**が溶けるまで約10分加熱する

※火の通り加減は様子見つつお好みで

食感楽しむ

焼きたらこ

トースターで
焼き目をつけても
おいしいです!
たらこ
生のままで食べるのとは
また別の
味わいがあるなぁ

材料（2人分）

たらこ…2腹

お好みで

ごま油
刻み海苔
大根おろし
刻みネギ
…少々

作り方

1 **たらこ**にフォークで数カ所刺して穴を開ける

2 耐熱皿に**たらこ**を乗せ、ふんわりとラップをかけてレンジ（600W）で約1分加熱する
※お好みで食べる時に**ごま油**、**刻み海苔**、**大根おろし**、**刻みネギ**をかける

バレンタインに作りたい、生チョコ

優一郎さんはバレンタインにチョコは貰えますか？
……それは
残酷な質問だよおこじょさん
えっ
優一郎さんならいっぱい貰えそうなのになー
ぽきゅーん
あー……
それは母親とかおばあちゃんが身内に言うやつだね

今までそこら辺聞かなかったのに
どうしたの急に
ごめんなさい でも……
しお…
ぷすー
ちょっとおいしいチョコ食べたかった……
それか
想像はついてた…
でも貰ったチョコをいただくのは悪いしいっぱい食べたいから
おこじょさん自分でチョコを作ります！
なんで俺が貰える前提で進めるの？

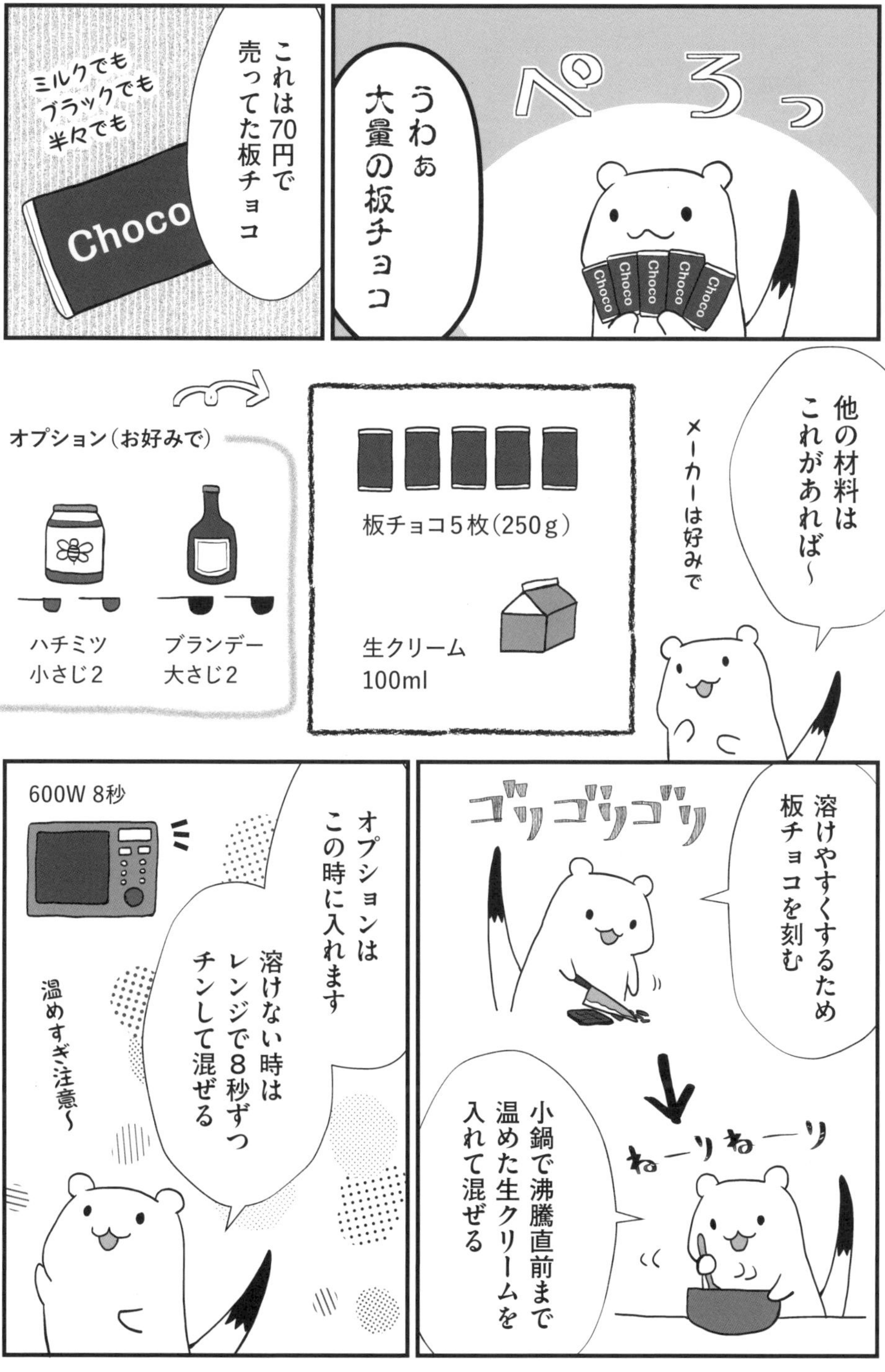
ぺろっ
うわぁ 大量の板チョコ
Choco
これは70円で 売ってた板チョコ
ミルクでも ブラックでも 半々でも
Choco
他の材料は これがあれば〜
メーカーは好みで
板チョコ5枚(250g)
生クリーム 100ml
オプション(お好みで)
ハチミツ 小さじ2
ブランデー 大さじ2
ゴリゴリゴリ
溶けやすくするため 板チョコを刻む
小鍋で沸騰直前まで 温めた生クリームを 入れて混ぜる
ねーりねーり
オプションは この時に入れます
溶けない時は レンジで8秒ずつ チンして混ぜる
600W 8秒
温めすぎ注意〜

バットかカップに流して冷やします
カップの方はスプーンで食べる
冷えたら切るのでクッキングシート敷くと楽ちん
チョコ
クッキングシート
バット
ココアをまぶすとまるで売り物みたいに
生チョコの完成でーす
てーーん
友チョコをどうぞ
……義理以外で貰ったの初めてなんだよね
友チョコわりと嬉しいよ
ありがとう
？
優一郎さんがチョコ貰えないの不思議だなー？

バレンタインに作りたい、
生チョコ

ナッツを入れても
おいしそう
チョコは
しっかりと刻むことが
うまく作る
ポイントですよ！

材料（2人分）

板チョコ…5枚
生クリーム…100ml

お好みで

ブランデー…大さじ2
ハチミツ…小さじ2

作り方

1 **板チョコ**を細かく刻みボウルに入れる

2 小鍋に**生クリーム**を入れ火にかけ、
焦げつかないように混ぜながら
沸騰直前まで温める

3 耐熱ボウルに**1**、**2**を入れ
チョコが溶けるまでよく混ぜる
※お好みで**ブランデー**、
ハチミツを入れて一緒に混ぜる

4 バットにクッキングシートを敷き
3を流し入れて冷蔵庫で3時間程度冷やす

なるほど納得おこじょさん

ぽきゅんこっ

今から数年前…
これは一人と一匹が
出会った時のお話
ピーンポーン。。。
ガチャ
はい
どちら様…
あっ
こんにちは!
忙しい毎日に
簡単味噌汁!
味噌玉
あ…はい
こんにちは
ちょこんっ

なんて名前の生き物だっけ…
……えーと…
もしかしてルームシェアの方ですか？
うん？
ここは俺が一人で住んでる部屋だけど
あれ!?
おこじょさんこのお部屋に契約したんですが！
あぁそうだおこじょだ
じゃなくて…

[redacted]

わああぁああんっ
びゃーっ
うん
電話も
繋がらない
詐欺業者
じゃないかな
ツーツー
ああぁんっ
おこじょさんの
お金〜〜〜〜!
おばあちゃんが
貯めてくれてた
お金なのにーー!
ごめんなさいーーっ
かわいそう
そうか

今物置だけど部屋一つ空いてるし
ここに住めば？
スイッ
わぁお和室だ！
でもお金が……お家賃はいくらで…
はわはわ
え？あー……じゃあ
300円……くらい？
やすぅい！
なぜ見ず知らずのおこじょさんにそこまで！
犬か猫かうさぎか鳥か何か迎えようかと最近考えてたから……
困ってるおこじょでも別にいいかなと
それ本当に大丈夫です…？

ぐぅ〜
あ
そうだ
夜勤明けで
何か食べようと
詐欺られた
おこじょの相手してる
場合じゃないやつ！
お礼に
何か食事を
作ります
ふかぶかー
本当に。
いやそんな
大袈裟な
というか
料理とか家事とか
面倒でさ
料理も家事も
好きです！
ばっ
せめてものご恩！
夜勤明けの体に
へーんっ
優しいものを！
ごそごそ

これは実家から持ってきました
きゅ
きゅ
きゅ
他にも保存が利くあれこれ～
ぽきゅ
夜遅くまで体が働いていると自律神経が乱れます
昼夜逆転
ストレスと疲れ
そうするとお腹の調子も不安定に～
そこで
でん
みそ
お味噌！
みそ

お味噌は発酵することで
アミノ酸
ミネラル
炭水化物
ビタミン
食物繊維
大豆に少ない&持っていない栄養素がたっぷり増えます
更に胃腸を温めて
消化吸収力を高め
乳酸菌で胃腸をバッチリ整えます
ぽんっ
そんな優秀お味噌を美味しく
かつ作り置きができる…
味噌玉を作ります!
材料
味噌200g
みそ
どの種類でもOK!
お好みの味噌で
粉末だし25g
味噌がだし入りなら
なくても大丈夫
お好みの材料
乾燥わかめ
小エビ
小さい高野豆腐
とろろ昆布　などなど

まずボウルに味噌とだし
こねこねこね
混ぜ合わせてベースを作ります
大体1回分は大さじ1杯になります！
これを小さく切ったラップの上に
その上に材料をパラパラ
最後にラップを結び巾着にします
きゅっ
それを袋に入れて冷凍保存
おみそは凍らないんですよー
コポポ…
食べる時はお椀に入れて
熱湯をかけて混ぜれば
栄養たっぷりお味噌汁完成です！
手作りインスタント的な…
気づいたら保存分まであってちょっと驚いてる

ずずっ
……おいしい
疲れてる時に
ホッとするなぁ
よかったー
うひょーっ
ねぇ
はい？
お金払うから
住み込みで
家事代行しない？
大変助かるんだけど
!?
ほ!?
おこじょさん
あの不動産の
詐欺業者
警察に通報
してたんだけど
捕まったって
よかったね
ぽっきゅーっ
えー！
バンザーイ！
お祝いだー！

忙しい毎日に

簡単味噌汁！味噌玉

食材は混ぜるよりも
上に乗せる方が
お湯を注いだ時に
うまくできますー
お酒の後とかに飲む
味噌汁も
おいしいんだよね

材料（約10個分）

味噌…200g
粉末だし（顆粒）…25g

お好みの乾燥具材
乾燥わかめ
小エビ
小さい高野豆腐
とろろ昆布
…適量

作り方

1 ボウルに**味噌**と**だし**を入れて混ぜる

2 ラップを広げ、**1** を大さじ 1 ずつ乗せる

3 お好みの**乾燥具材**を **2** の上に乗せて
ラップの端を結び、巾着型にして
冷凍保存する

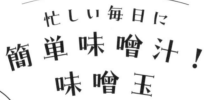

おこじょさんのお料理ギャラリー

食感楽しい セロリサラダ

とにかくお手軽
モッツァレラ刺身

最高の組み合わせ
甘とうクリームチーズ焼き

まぜまぜ~
クリームチーズ酒盗

いももち with みたらしタレ

アツアツ！ 茄子ピザ

ご家庭ごとに
アレンジが
できるよう、
シンプルなレシピで
ご紹介しています。
お好みで色々
試してみて
くださいね〜！

ブランデー香る
大人ココア

甘くてほっこり焼きバナナ

あとがき

料理漫画、と宣言するのは若干ためらわれる。

そう思うくらい簡単なモノばかりです。
「料理ではない」なんて言う方も、いるかもしれませんね。
そういうモノでこの漫画はできています。
作者が大変面倒くさがりなもので。
アレもやらなきゃコレもやらなきゃな忙しい世の中なので、
おこじょさんはこれくらいで丁度いいと思っています。

疲れた時、なんとなく読んでちょっと和む。
この本が一杯のお茶やホットミルクのように、
気持ちが安心できる本になれたら嬉しいです。

ヤゼ

【参考文献】

「健康食品」の安全性・有効性情報 国立研究開発法人 医薬基盤・健康・栄養研究所
https://hfnet.nibiohn.go.jp
e-ヘルスネット 厚生労働省
https://www.e-healthnet.mhlw.go.jp
日本食品標準成分表2020年版（八訂） 文部科学省
https://www.mext.go.jp/a_menu/syokuhinseibun/mext_01110.html
『薬膳素材辞典 健康に役立つ食薬の知識』
辰巳洋（源草社）
『栄養素の通になる 食品成分最新ガイド』第4版
上西一弘（女子栄養大学出版部）
『最新版 知っておきたい栄養学』
白鳥早奈英（学研プラス）
『その調理、9割の栄養捨ててます！』
監修 東京慈恵会医科大学付属病院 栄養部（世界文化社）
『教えて！栄養素男子』
監修 女子栄養大学栄養クリニック（日本図書センター）

【監修】

管理栄養士／料理家
淵江公美子

【STAFF】

ブックデザイン
あんバターオフィス

DTP
小川卓也（木蔭屋）

校正
齋木恵津子

編集長
斎数賢一郎

編集担当
藤原優香

おこじょさんと
家《いえ》飲《の》み家《いえ》ご飯《はん》

2023年4月13日　初版発行
2024年9月 5 日　4版発行

著者　ヤゼ

発行者　山下直久

発行　株式会社 KADOKAWA
〒102-8177　東京都千代田区富士見 2-13-3
電話 0570-002-301（ナビダイヤル）

印刷所　TOPPANクロレ株式会社

ISBN978-4-04-682351-9 C0077